Sieh dich um an Teich und Fluß

Text von Michael Chinery
Illustrationen von John Gosler
Übersetzt und bearbeitet
von H. J. Conert

Loewe

Für Marcel

ISBN 3-7855-2162-6 – 1. Auflage 1988

Die englische Originalausgabe
erschien unter dem Titel
"Step into Nature: By Ponds and Streams"
bei Granada Publishing Ltd., London

Printed in Italy

Inhalt

Wo immer du wohnst, stets bist du von Pflanzen und Tieren umgeben. Sogar in den Großstädten findest du die verschiedensten Arten von Lebewesen. Wenn du ihren Namen kennst, wenn du etwas über sie weißt, wirst du immer gute Bekannte um dich herum haben.

In diesem Buch kannst du viel Wissenswertes über Pflanzen und Tiere lesen. Aber damit ist es nicht genug, du mußt auch selbst etwas tun, um sie näher kennenzulernen. Wie du das anstellst, ist hier beschrieben. Du findest Hinweise, wie du die Lebewesen entdecken und beobachten kannst. Es wird auch gezeigt, wie du selbst experimentieren kannst, um ihre Verhaltensweise zu erkennen.

Zugleich mit den einzelnen Tieren und Pflanzen ist auch ihr Lebensraum dargestellt. Denn du kannst sie nur richtig verstehen, wenn du sie im Zusammenhang mit ihrer Umgebung siehst.

Teiche und Flüsse

Auf diesem Bild siehst du einen Teich, wie es ihn früher überall gab und wie er heute nur noch an wenigen Orten zu finden ist. Der Teich ist ein stehendes Gewässer. Sein Wasser erhält er von Regen und Schnee, zuweilen auch von einer Quelle. Bei langer Trockenheit sinkt sein Wasserspiegel ab. Wenn es in einem Jahr dagegen viele Niederschläge gibt, ist sein Ufer lange Zeit überschwemmt.

Am Ufer eines Teiches wachsen viele verschiedene Pflanzen. Hier gibt es aber auch zahlreiche Tiere. Ein Grasfrosch sitzt auf einem Schwimmblatt der Gelben Teichrose und schnappt nach Eintagsfliegen, die über dem Wasser spielen. Die Schafstelze, die am linken Bildrand zu sehen ist, wartet auf Insekten, um sie zu fangen. Der Eisvogel dagegen stürzt sich gerade ins Wasser und taucht nach Fischen. Und am Rande des Teiches steht unbeweglich ein Graureiher, der plötzlich mit seinem Schnabel zustößt, wenn ein Fisch in seine Reichweite kommt.

Kommst du an den Rand eines Teiches, so bewege dich vorsichtig, denn das Ufer ist glatt und sumpfig. Du kannst leicht ausrutschen und schneller im Wasser landen, als dir lieb ist.

Wenn es einen kleinen Fluß oder einen Bach in deiner Nähe gibt, so nimm eine Landkarte zur Hand und verfolge seinen Lauf von der Quelle bis zur Mündung. Bei einem fließenden Gewässer kann man verschiedene Zonen unterscheiden. An der Quelle ist das Wasser kalt und fließt sehr schnell. Es folgt ein längerer Abschnitt, in dem sich mehrere Bäche zu einem Fluß vereinigen, der immer breiter wird und langsamer fließt. Hier ist das Wasser wärmer und nährstoffreicher. In der Nähe der Mündung wird der Fluß noch langsamer, sein Wasser ist nährstoffreich – aber trübe und von vielen Abfällen verschmutzt.

Zum Beobachten

Wie entsteht ein Wasserfall?

Wenn ein Bach über ein hartes Gestein fließt und plötzlich auf ein weicheres trifft, so gräbt er in dieses ein immer tieferes Bett und schwemmt dabei die losgelösten Körner weg. Da der harte Fels viel weniger stark abgeschliffen wird, entsteht allmählich eine Stufe, und es bildet sich ein Wasserfall.

Zum Aufspüren

Teich oder See?

Kennst du den Unterschied zwischen einem Teich und einem See? Er hängt nicht nur von der Größe ab, wie du vielleicht annehmen könntest. Der Teich ist von Menschen angelegt. Früher gab es überall einen Dorfteich, an dem Pferde und Kühe tranken und in den die Wagen gefahren wurden, damit die Holzräder aufquollen und nicht den Eisenreifen verloren. Natürlich wurden auch Fische hier ausgesetzt.
Mühlteiche wurden angelegt, damit stets Wasser für die Wassermühlen zur Verfügung stand. Das Wasser wurde regelmäßig abgelassen und der Boden gereinigt.
Der See ist dagegen ein Gewässer, das sich ohne Zutun des Menschen in einer Bodenvertiefung gebildet hat. Ein See ist so tief, daß das Sonnenlicht nicht überall auf seinen Boden dringt, so daß große Flächen von Unterwasserpflanzen unbesiedelt bleiben. Ein See wird niemals abgelassen.

Pflanzen am Ufer

Hast du schon einmal einen Teich näher untersucht? Wenn es sich um ein Gewässer in einer städtischen Anlage handelt, das regelmäßig gesäubert wird, wirst du wohl keinen dichten Bestand von Uferpflanzen sehen. Hier gehen zu viele Leute am Ufer herum, um die Enten und andere Vögel zu füttern. An einem Teich, der noch in seinem ursprünglichen Zustand ist, wirst du dagegen eine Uferzone finden, in der die Pflanzen in ganz bestimmten Zonen wachsen.

Den äußersten Ring bilden die Pflanzen, die gern auf feuchten Wiesen stehen. Ihnen folgt das Röhricht: Es besteht aus hohen Gräsern, Sauergräsern und Rohrkolben, die mit ihrem unteren Teil im Wasser stehen. Ihre Blätter und Blütenstände ragen aber weit aus dem Wasser heraus. Hier finden viele Tiere Schutz, und die Vögel bauen hier ihr Nest.

Es folgt die Zone der Schwimmblattpflanzen. Sie wurzeln im Boden des Teiches, ihre Blätter schwimmen auf der Wasseroberfläche. Schließlich gibt es die Unterwasserpflanzen, die im Schlamm wurzeln und mit Ausnahme ihrer Blüten ständig unter Wasser leben. Zu den Pflanzen, die frei auf der Oberfläche schwimmen, gehören die Wasserlinsen. Sie bilden oft einen grünen Teppich und sind die kleinsten Blütenpflanzen Europas.

Alle diese Pflanzen kannst du zwar an einem Teich finden, aber nicht an einem schnell fließenden Gewässer. Sie brauchen Schlamm, wie er am Grunde eines Teiches vorhanden ist, der aber in einem Fluß weggeschwemmt wird. Wenn der Teich nicht abgelassen und von Schlamm gesäubert wird, wächst er allmählich mit Pflanzen zu. Die Uferzone wird immer breiter, das Wasser immer flacher, bis zuletzt nur noch eine sumpfige Stelle übrigbleibt. Auch sie trocknet langsam aus, und es bildet sich schließlich eine Wiese.

Die **Gelbe Teichrose** hat Schwimmblätter mit Stielen, die bis zum Boden des Teiches reichen. Blütezeit: Juni – August. Geschützt!

Die **Sumpfdotterblume** wächst auf sumpfigen Wiesen und wird bis 40 cm hoch. Die Blätter sind glänzend grün. Blütezeit: März – Juni.

Die **Gauklerblume** wurde im vorigen Jahrhundert aus Amerika bei uns eingeschleppt. Sie wächst auch an Bächen und Quellen.

Bis 2,5 m hoch

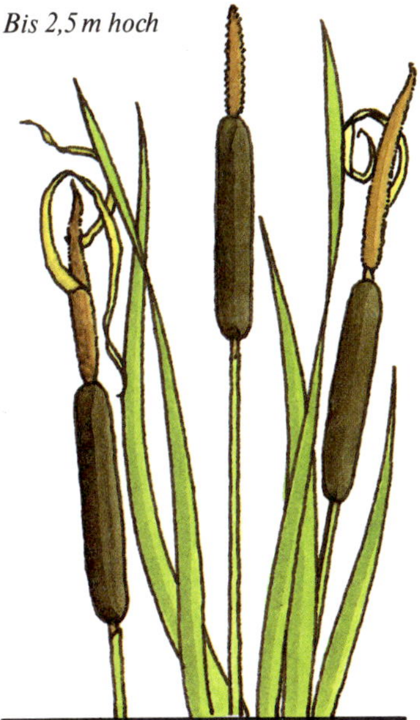

Der **Rohrkolben** wächst im flachen Wasser. In den Kolben stehen zahllose Blüten. Blütezeit: Juli – August.

Bis 1,2 m hoch

Der **Blutweiderich** wächst an Teichen und Gräben. Er hat blutrote Blüten. Blütezeit: Juli – September.

Bis 2 m hoch

Das **Indische Springkraut** stammt aus Ostindien und wächst an Teichufern. Blütezeit: Juni – Oktober.

Bis 1 m hoch

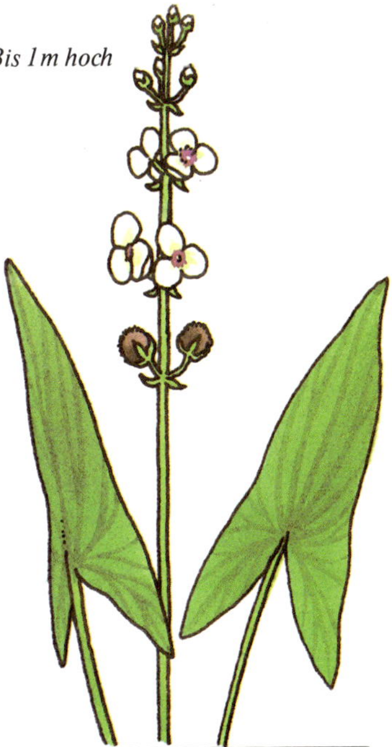

Das **Pfeilkraut** wächst in flachen Teichen.
Blütezeit: Juni – September.

Bis 1 m hoch

Der **Ästige Igelkolben** wächst auf nährstoffreichem Schlamm im flachen Wasser. Blütezeit: Juni – August.

Bis 1,5 m hoch

Die **Sumpfsegge** wächst am Ufer. Sie hat männliche und weibliche Ährchen. Blütezeit: April – Juli.

Schwäne

Schwäne gehören zu den größten Vögeln, die es bei uns gibt. Sie können bis zu 20 kg schwer werden. Beobachte einmal einen Schwan, wenn er vom Wasser auffliegen will. Er läuft zuerst eine lange Strecke über das Wasser und schlägt dabei kräftig mit seinen Flügeln. Schließlich erhebt er sich in die Luft und wird hier zu einem schnellen und geschickten Flieger. Seinen Hals streckt er beim Fliegen geradeaus, wie du es auf dem großen Bild im Hintergrund sehen kannst. Achte einmal auf das laute Geräusch seiner Flügel.

Auf dem großen Bild ist eine Familie des Höckerschwans abgebildet. Dieser Schwan ist bei uns häufig zu sehen, er lebt auch in den Städten auf größeren Teichen. Seinen Namen hat er von dem großen, dunklen Höcker über seinem Schnabel, der beim Männchen größer ist als beim Weibchen. Wenn er gestört wird, beginnt der Höckerschwan laut zu zischen, vor allem, wenn er Junge hat. Das Männchen, das auf dem Bild gerade seine Flügel ausbreitet, kann mit einem einzigen Flügelschlag einen Hund töten. Es kann schmerzhaft beißen. Deshalb solltest du unbedingt vermeiden, einen Schwan zu stören. Wenn er dich anzischt, so gehe schnell und ruhig zurück.

Der Höckerschwan lebt gern an Teichen mit vielen Uferpflanzen. Er ernährt sich vorwiegend von Wasserpflanzen. Durch seinen langen Hals reicht er auch im tiefen Wasser bis auf den Boden. Hier rupft er Blätter von den Wasserpflanzen ab, gräbt aber auch Wurzeln aus. Ihre Nester bauen die Höckerschwäne aus Pflanzenteilen im Röhricht. Das Weibchen legt etwa 6 Eier, aus denen nach ungefähr 5 Wochen die Jungen schlüpfen. Sie sind dicht mit Flaumfedern bedeckt und können bereits nach 1–2 Tagen schwimmen. Fliegen können sie dagegen erst nach einigen Monaten, wenn ihnen richtige Federn gewachsen sind. Sie leben den ganzen Sommer hindurch mit ihren Eltern zusammen.

Zum Beobachten

Wintergäste

Der Singschwan ist ebenso groß wie der Höckerschwan, du kannst ihn aber leicht an seinem gelbschwarzen Schnabel erkennen, über dem kein Höcker ist. Seinen Hals trägt er aufrecht und nicht S-förmig wie der Höckerschwan. Er brütet in Nordeuropa und kommt nur im Winter zu uns, wo er meist an der Küste und im Alpenvorland bleibt. Seinen Namen hat er zu Recht, denn sogar beim Flug halten die Tiere durch laute Rufe untereinander Fühlung. Der Zwergschwan ist deutlich kleiner als der Höckerschwan, er hat keinen Höcker und einen gelben Schnabel mit schwarzer Spitze. Er überwintert bei uns vor allem an der Nordseeküste, sehr selten ist er auch im Binnenland zu sehen. Im Sommer bewohnt er die nördlichen Gebiete Europas, Asiens und Nordamerikas.

Was Fische so fressen

Hast du dich jemals gefragt, was Fische fressen?

Die meisten unserer Süßwasserfische sind Allesfresser, das heißt, ihre Nahrung besteht sowohl aus Pflanzen als auch aus Tieren. Sie durchwühlen den Schlamm, um darin etwas Eßbares zu finden. Das Unverdauliche spucken sie wieder aus, während kleine Nahrungsbrocken sogleich in ihrem Maul verschwinden. Wenn du dir ein Aquarium baust, wie es auf der Seite 12 beschrieben ist, so kannst du sie hier genau bei der Nahrungsaufnahme beobachten. Die Hauptnahrung der Fische bilden kleine Wassertiere, die sich frei im Wasser bewegen oder im Schlamm eingegraben sind. Einige sind auf der folgenden Seite abgebildet. Auch diese Tiere müssen sich ernähren, und sie fressen meist mikroskopisch kleine Algen oder verwesende Stoffe, die im Wasser schweben. Mückenlarven werden von vielen Fischen verzehrt, deshalb werden in den Teichen Fische ausgesetzt, die unter diesen Larven aufräumen.

Zum Selbermachen

Wir untersuchen Wassertiere

Die Lebewesen, die das Ufer eines Teiches bewohnen, kannst du am einfachsten durch einen Guckkasten beobachten. Schneide dazu von einem alten Plastikeimer den Boden ab, verschließe ihn mit einer durchsichtigen Plastikfolie und befestige diese mit einem Gummiband. Wenn du den Eimer mit dieser Haut auf das Wasser setzt, kannst du bis auf den Boden des Teiches sehen.

1 Kaufe dir ein kleines Netz in einer Zoohandlung oder baue es dir selbst: Du nimmst einen Draht, biegst ihn zu einem Kreis und befestigst ihn an einem Besenstiel. Aus einer dichten Gardine läßt du dir ein trichterförmiges Netz nähen, das um den Draht befestigt werden muß. Dieses Netz ziehst du im Wasser hin und her.

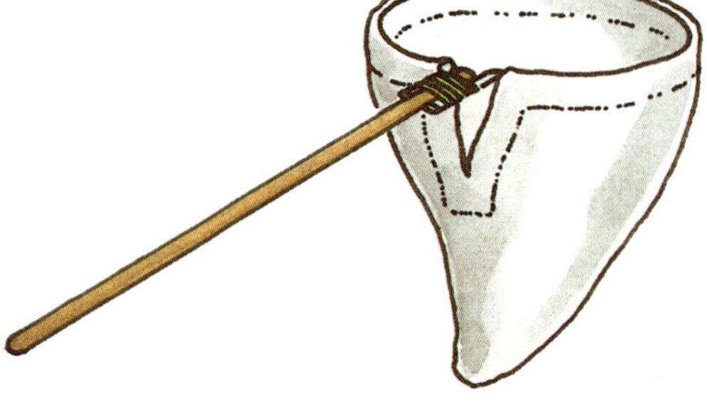

2 Alles, was jetzt im Netz ist, schüttest du auf einen weißen Teller, den du vorher mit Wasser gefüllt hast. Betrachte die Tiere und Pflanzen genau und schreibe alles in deinem Tagebuch auf. Dann setzt du die Tiere wieder ins Wasser.

3 Um kleine Tiere weiter zu beobachten, baust du am besten ein kleines Aquarium aus zwei Glasplatten und etwas Knetgummi. Fülle das Gefäß mit einem Teelöffel mit Wasser aus dem weißen Teller.

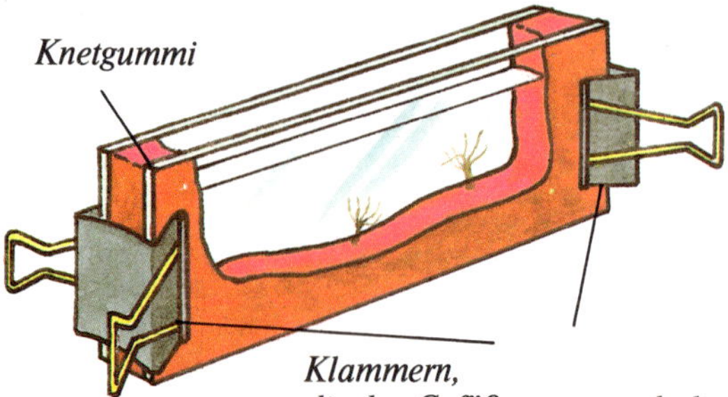

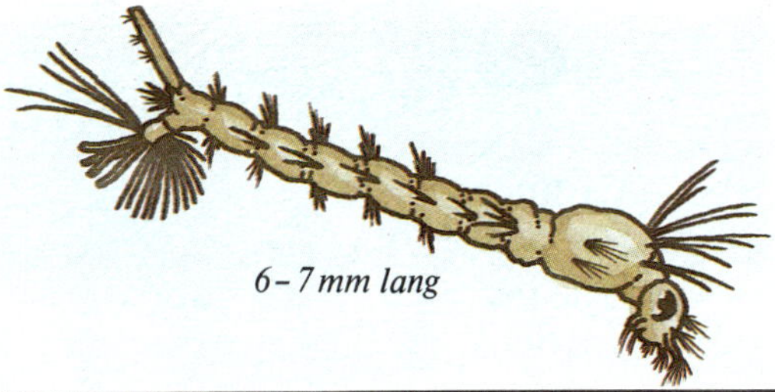

Die **Larven der Stechmücke** hängen schräg von der Wasseroberfläche herab. Sie filtern kleine Nahrungsbrocken aus dem Wasser.

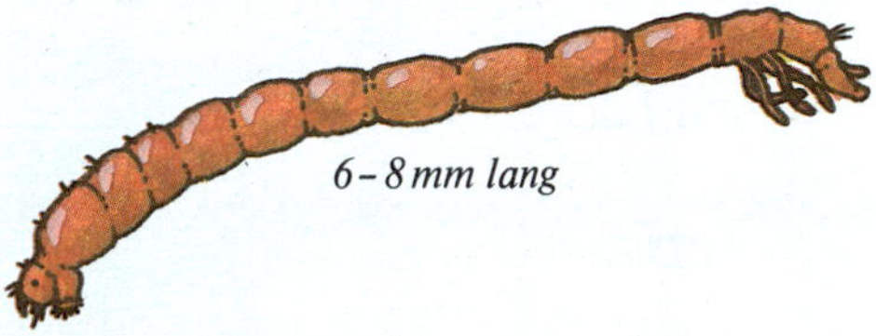

Die **Larven der Zuckmücken** sind so durchsichtig, daß man den Blutfarbstoff sehen kann. Sie zucken mit den Vorderbeinen.

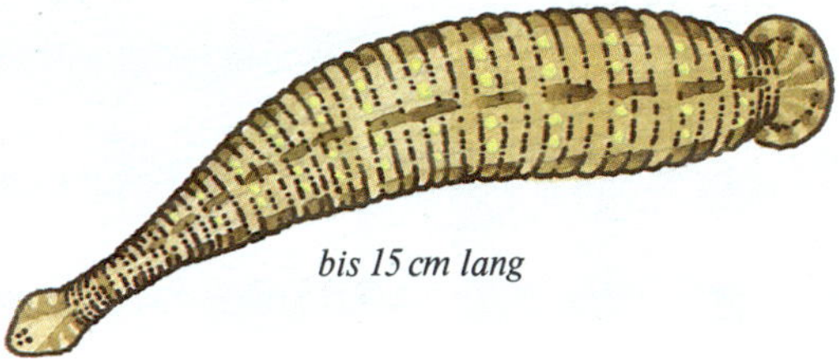

Der **Pferdeegel** verschlingt kleine Würmer und Insektenlarven. Der Medizinische Blutegel saugt an Menschen und Säugetieren.

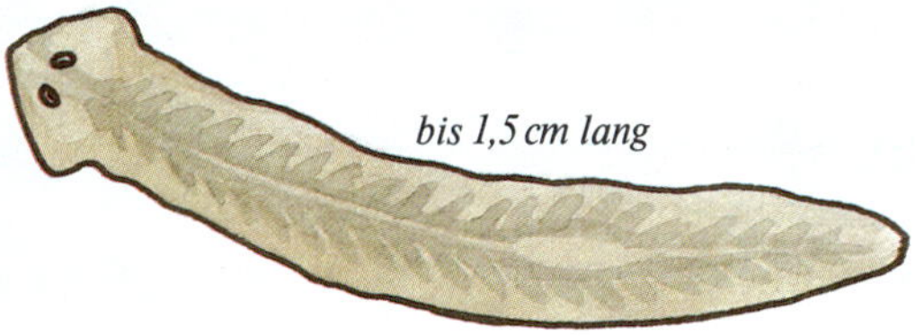

Die **Süßwasserplanarie** lebt in Teichen unter Steinen und ernährt sich von verwesenden Tieren und Pflanzenteilen.

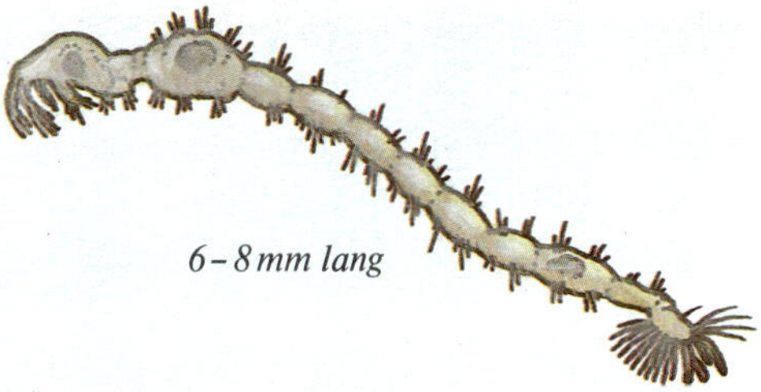

Die **Larve der Malariamücke** liegt mit ihrem ganzen Körper unter der Wasseroberfläche. Die Mücke überträgt Malaria.

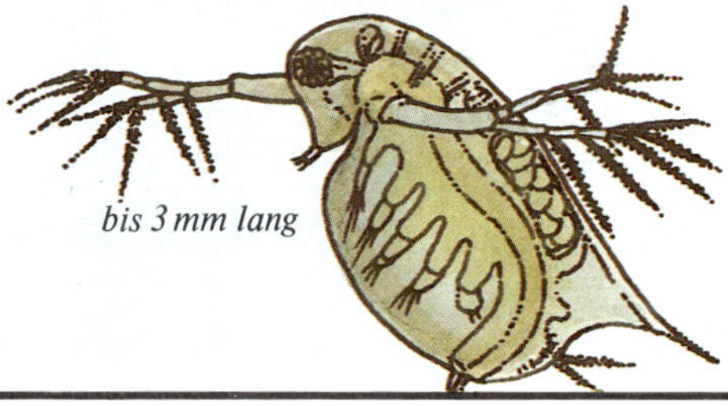

Der **Wasserfloh** filtert mit seinen umgebildeten Beinen Algen und winzige Tiere aus dem Wasser und verzehrt sie.

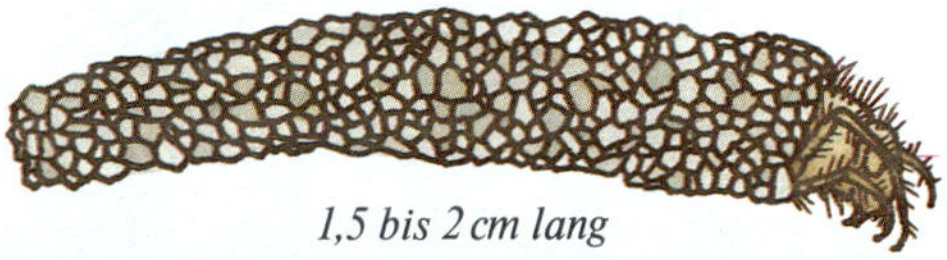

Die **Larve der Großen Wasserfliege** baut aus Fäden und Pflanzen einen festen Köcher, aus dem nur ihr Vorderteil herausragt.

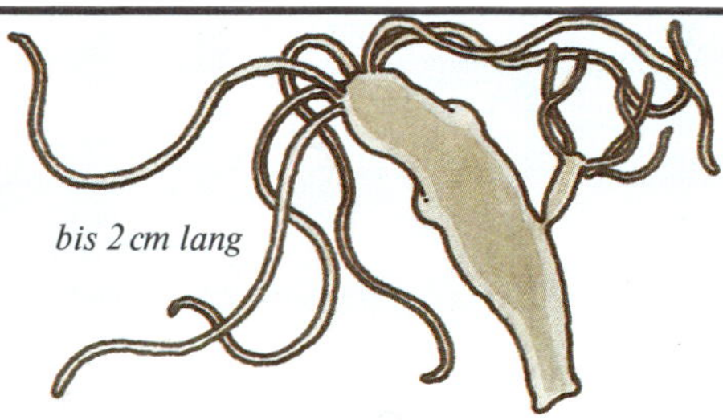

Die **Grüne Hydra** ist meist an der Unterseite von Wasserpflanzen festgewachsen. Sie fängt mit den Fangarmen kleine Insekten.

Wir bauen ein Aquarium

Viele der kleinen Wassertiere, die in einem Teich leben, kannst du auch zu Hause beobachten.

Du brauchst dazu vor allem ein Gefäß. Vielleicht findest du ein altes Wasserbecken aus Glas. Wenn nicht, so kannst du es leicht in einer Zoohandlung kaufen.
Um ein Aquarium einzurichten, mußt du die Hinweise beachten, die auf diesen beiden Seiten gegeben werden. Beachte, daß ein Aquarium hell stehen soll, aber nicht in der prallen Sonne. Sonst erwärmt sich das Wasser zu sehr, und die Grünalgen wachsen so stark, daß sie das Wasser trüben. Den Platz, an dem das Aquarium stehen soll, mußt du aussuchen, bevor du es mit Wasser füllst. Sonst ist es zu schwer. Wenn du das Aquarium längere Zeit hindurch behalten willst, so mußt du das Wasser regelmäßig wechseln. Die Wasserpflanzen reichen jetzt nicht mehr aus, um genügend Sauerstoff für die Tiere herzustellen. Deshalb brauchst du eine Pumpe, die ständig Luft durch das Wasser leitet.

1 Zuerst füllst du das Gefäß etwa 5 cm hoch mit sauberem Sand und legst einige Steine hinein. Verwende keine Betonstücke oder Steine mit scharfen Kanten.

2 Nun nimmst du einige Unterwasserpflanzen, die du in einer Zoohandlung kaufst, und pflanzt sie in den Sand. Lege einen kleinen Stein seitlich auf die Pflanzen, damit sie sich mit ihren Wurzeln besser im Boden verankern können.

3 Bedecke den Boden des Aquariums mit Zeitungspapier und gieße Wasser darauf. Nimm dazu nur Teichwasser oder Regenwasser! Danach hebst du die Zeitungen aus dem Wasser.

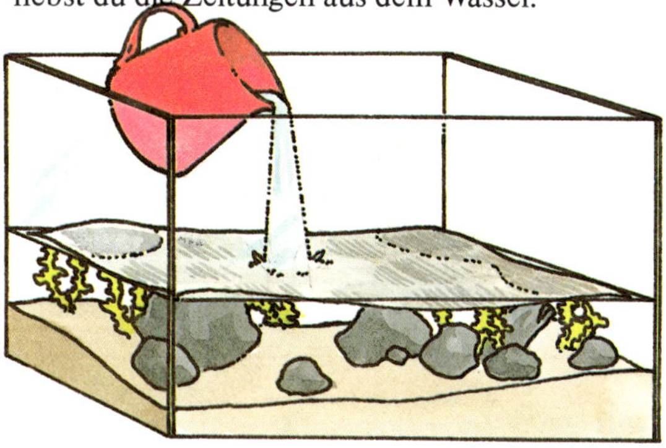

4 Laß das Aquarium etwa 8 Tage lang stehen und setze dann die Tiere ein. Nimm aber nur solche, die sich miteinander vertragen! Wenn du das Wasser wechseln mußt, weil es zu trübe wird, so verwende dazu ein Plastikrohr wie im Bild.

Zum Beobachten

Aquarienpflanzen

Pflanzen, die für dein Aquarium geeignet sind, kaufst du am besten in einer Zoohandlung. Einige sind hier abgebildet.

Die **Kanadische Wasserpest** *(unten)* wächst sehr schnell. Ihre Blätter stehen zu dritt und sind sehr weich.

Das **Ährentausendblatt** *(links)* hat große, gefiederte Blätter, die zu viert in einem Quirl stehen.

Die **Armleuchteralge** *(rechts)* hat eine rauhe Oberfläche. Ihre Blättchen stehen in Quirlen zusammen.

5 In einem Aquarium kannst du nicht nur Wasserpflanzen und Fische halten, sondern auch manche anderen Wassertiere, z. B. Wasserasseln, Süßwassergarnelen und Ruderwanzen. In der Zoohandlung kannst du für sie Futter erhalten, z. B. Wasserflöhe. Außer den Fischen hast du vielleicht auch eine Tellerschnecke oder eine Teichmuschel gefangen. In einem Teich kommen auch Larven der Großen Wasserfliege vor. Aber du mußt darauf achten, daß du keine Räuber in dein Aquarium tust. Sie würden innerhalb kurzer Zeit alle anderen Tiere vertilgen und dann selbst verhungern. Zu den Räubern gehören z. B. Libellenlarven, Gelbrandkäfer, Wasserskorpione und Rückenschwimmer, aber auch Stichlinge und Lurche. Wenn du Wasserkäfer, die fliegen können, in einem eigenen Aquarium halten willst, so lege eine Glasplatte darauf, die auf kleinen Holzklötzchen ruht.

Alle Tiere brauchen Sauerstoff zum Atmen. Achte also darauf, daß du genug Wasserpflanzen einsetzt. Wenn du deine Untersuchungen abgeschlossen hast, bringst du alle Tiere wieder in den Teich zurück.

Ein geduldiger Fischer

Lange Zeit kann der Graureiher unbeweglich im flachen Wasser stehen und die Fische beobachten. Aber plötzlich stößt er blitzschnell mit seinem spitzen Schnabel zu und erbeutet einen Fisch, der in seine Reichweite gekommen ist. Mit seinem langen Hals und Schnabel reicht er weit in das Wasser hinein. Mit einem Schwung wirft der Graureiher seinen Kopf nach hinten und läßt den Fisch kopfabwärts in seinem Schlund verschwinden. Zerkleinern kann er seine Beute nicht, dafür ist sein Schnabel nicht eingerichtet. Aber nicht immer kommen die Fische in seine Nähe. Dann schreitet der Reiher langsam am Ufer entlang, wie du es auf dem großen Bild sehen kannst.

Aale gehören zu den Fischen, die der Graureiher am liebsten mag, aber er nimmt auch andere Flußfische, die er ihrer Größe wegen gerade noch verschlucken kann. Zu seiner Nahrung gehören auch Frösche, Lurche und auch die Jungen von Wasservögeln, wenn er sie erbeuten kann.

Wenn er auffliegt, schlägt er langsam seine großen, schwarz gerandeten Flügel. Seinen Kopf trägt er auch beim Flug so, daß der Hals ein S bildet, was du auf dem Bild gut erkennen kannst. Dadurch kannst du einen Reiher auch beim Flug leicht von einem Storch und einem Kranich unterscheiden, die ihren Hals weit nach vorne recken. Da der Graureiher sich fast immer am Wasser aufhält, sollte man annehmen, daß er hier auch sein Nest baut und brütet. Aber weit gefehlt! Graureiher bauen ihr Nest in hohen Bäumen. Oft bilden mehrere Paare zusammen eine Kolonie. Sie stecken das Nest aus Zweigen zusammen und benutzen es mehrere Jahre hindurch. Da es in jedem Jahr ausgebessert wird und neue Zweige hinzukommen, wird es immer größer. Im Frühjahr werden vom Weibchen 3 – 5 Eier abgelegt, und die Nestlinge werden etwa 7 Wochen lang von den Eltern versorgt, bis sie das Nest verlassen.

Zum Beobachten

Rosarote Flamingos

Ein Spezialist bei der Nahrungsaufnahme ist der Flamingo: Er ist ein Schlammseiher. Er lebt am Brackwasser oder Salzwasser, wo er in den warmen Gebieten große Schwärme bildet. Sein Schnabel ist deutlich abgeknickt und wird so gehalten, daß der Oberschnabel über den schlammigen Boden streicht. Dabei wird das Wasser durch den Schnabel gefiltert, und viele kleine Meerestiere und Algen bleiben an den Lamellen hängen, mit denen der Schnabel ausgekleidet ist. Es gibt 5 verschiedene Arten dieser Vögel, der Große Flamingo kommt auch an manchen Küsten in Südeuropa vor, z. B. an der französischen Mittelmeerküste. Wenn du diese Vögel beobachten willst, so gehst du am besten in einen Zoo. Wenn ein Flamingo auffliegt, streckt er seinen langen Hals gerade nach vorn.

Der Dreistachlige Stichling

In einem Teich mit sauberem, klarem Wasser kannst du zwischen März und Juli einen bunt aufgeputzten Fisch sehen. Er ist 5 bis 8 cm groß und schwimmt zwischen den Wasserpflanzen herum. Er wird dir sofort auffallen, weil er auf dem Rücken drei bewegliche Stacheln hat, ein weiterer Stachel sitzt an der Bauchflosse: Es ist das Männchen des Dreistachligen Stichlings, das sein Hochzeitskleid angelegt hat. Es baut ein Nest, das aus vielen kleinen Teilen von Wasserpflanzen besteht, die durch einen klebrigen Saft, den der Fisch aus seinen Nieren ausscheidet, miteinander verbunden werden. Jetzt umwirbt das Männchen nacheinander mehrere der silbergrau gefärbten Weibchen und lockt sie zu seinem Nest. Jedes Weibchen legt einen Teil seiner Eier darin ab. Zuletzt enthält ein Gelege 300 bis 1000 Eier. Das Männchen übernimmt nun allein die Brutpflege. Es verjagt jedes Weibchen, das sich dem Gelege nähert. Es repariert das Nest, wenn es notwendig ist, es fächelt mit seinen Flossen frisches Wasser über das Gelege und verjagt jeden Feind, der die Eier fressen will. Je nach Wassertemperatur schlüpfen nach 5 – 25 Tagen die Jungen aus den Eiern. Sie halten sich noch eine Woche lang in der Nähe des Nestes auf und werden während dieser Zeit vom Männchen bewacht. Dann schwimmen sie in Schwärmen um die Wasserpflanzen her-

um und suchen ihr Futter. Die Stichlinge ernähren sich von Würmern, kleinen Krebsen, Insektenlarven und Laich. Wenn das Männchen seine Aufgabe erfüllt hat, verliert es seine bunte Farbe und ist dann nicht mehr von einem Weibchen zu unterscheiden.

Es gibt verschiedene Rassen des Dreistachligen Stichlings, aber nur eine von ihnen lebt in Teichen und Seen. Die beiden anderen bewohnen die größeren Flüsse. Sie halten sich nur zur Brutzeit in den Flüssen auf. Nachdem sie dieses Geschäft erledigt haben, schwimmen sie wieder flußabwärts und gehen zurück ins Meer, wo sie den ganzen Herbst und Winter hindurch bleiben. Erst im nächsten Frühjahr treten sie erneut ihre Wanderung an und wandern flußaufwärts zu ihren alten Laichplätzen.

Zum Beobachten

Was will der andere Fisch?

Während der Brutzeit verteidigen die Männchen ihr Revier. Wenn man ein Männchen kurze Zeit in einem Aquarium hält und darin einen kleinen Spiegel aufstellt, so sieht das Männchen sein eigenes Spiegelbild und schwimmt auf den Spiegel zu. Voller Zorn richtet es seine Stacheln auf.

Zum Aufspüren

Andere kleine Fische

Es gibt eine ganze Anzahl von Fischen in unseren Teichen und Bächen, die so groß wie der Dreistachlige Stichling sind. Du wirst sie jedoch nur selten sehen, denn sie sind nicht weit verbreitet.

Bis 7 cm lang

Der **Neunstachlige Stichling** *(oben)* ist nicht so häufig wie der Dreistachlige. Er lebt in Teichen und Flüssen und baut sein Nest an Wasserpflanzen.

Bis 10 cm lang

Die **Elritze** *(oben)* hat nur im Hochzeitskleid eine rötlich gefärbte Unterseite. Sie lebt in Fließgewässern mit sauberem Wasser.

Verspielter Otter

Wahrscheinlich hast du noch nie einen Fischotter gesehen, es sei denn, du kennst ihn aus dem Zoo. Er bewohnt ein riesiges Gebiet, das von England und Norwegen bis nach China und zum Indischen Ozean reicht. Aber das hat ihn nicht davor geschützt, bei uns fast ausgerottet zu werden. Noch vor 100 Jahren war der Fischotter in Europa häufig anzutreffen. Aber er wurde als ein gefährlicher Fischräuber angesehen und deshalb verfolgt. Außerdem braucht er saubere Gewässer, in denen seine Beutetiere leben. Fische, Krebse, Wasservögel und kleine Säugetiere jagt er am liebsten. Wo der Fischotter heute noch vorkommt, ist er an den Pfaden zu erkennen, die er durch das Schilf gebahnt hat, und auf denen Gräten und Schuppen von Fischen liegen.

Ein Fischotter wird im allgemeinen 50 bis 95 cm lang, wozu noch der 25 - 50 cm lange Schwanz kommt. Dabei erreicht er ein Gewicht zwischen 6 und 15 kg. In der Gefangenschaft werden die Tiere bis zu 19 Jahre alt, aber sie lassen sich nicht züchten. Die 2 bis 4 Jungen werden zwischen April und Juni geboren und öffnen nach 4 - 5 Wochen die Augen. Sie bleiben noch längere Zeit mit ihrer Mutter zusammen. Fischotter leben sehr gesellig. Mehrere Weibchen und eine ganze Anzahl von Jungtieren bilden zusammen eine Gruppe und jagen auch gemeinsam. Die Tiere haben einen starken Spieltrieb. Sie tummeln sich unermüdlich im Wasser und auf dem Lande und messen ihre Kräfte. Mit ihrem starken Schwanz und den Schwimmhäuten zwischen den Zehen können sie sehr schnell schwimmen. Und so kann ein Fischotter sogar eine Forelle erbeuten, wie es auf dem großen Bild dargestellt ist. Wenn die Nahrung knapp wird, können die Tiere lange Strecken über Land wandern, bis sie zu einem anderen Gewässer kommen. Sie können dabei sogar Berge überwinden. Manche schwimmen flußabwärts bis ins Meer und kehren erst nach Wochen wieder an die Küste zurück.

Zum Aufspüren

Andere Wassertiere

Eine Bisamratte und ein Nutria sind viel kleiner als ein Fischotter und gehören zu den Nagetieren, während der schlanke und schnelle Fischotter zu den Raubtieren gehört und mit dem Marder verwandt ist. Die Bisamratte ist in Nordamerika zu Hause und wird dort ihres Pelzes wegen gejagt. 1905 brachte sie jemand mit nach Europa, wo sie aus dem Gehege entwischte, sich vermehrte und überallhin ausbreitete. Heute hat sie sich in ganz Europa und Asien angesiedelt. Bei uns ist ihr Fell aber nur dünn und nicht als Pelz zu gebrauchen. Die Bisamratte hat sich zum Schädling entwickelt, der Deiche und Uferbefestigungen zerstört. Das Nutria stammt aus Südamerika und wird bei uns in Pelztierfarmen gehalten. Ab und zu entweichen einige Tiere und siedeln sich an Flüssen, Seen und Teichen an. In einem strengen Winter erfrieren sie meist.

Bisamratte

(ohne Schwanz 30 - 40 cm lang)

Nutria

(ohne Schwanz 40 - 60 cm lang)

Komm, tanz mit mir!

Wenn du an einem warmen Sommerabend an einen Teich gehst, so kannst du ganze Schwärme von Insekten sehen, die über den Uferpflanzen unermüdlich auf und nieder tanzen. Wenn du noch ein Stück näher herangehst, kannst du erkennen, daß es sich um Tiere handelt, wie sie auf dem großen Bild dargestellt sind: um Eintagsfliegen. Von dieser Insektengruppe gibt es viele verschiedene Arten, aber die meisten haben diese großen, farblosen Flügel, und alle haben am Hinterteil meist drei lange Anhänge. Manche Arten tanzen stundenlang über der Wasserfläche, andere halten sich dabei über den Uferpflanzen auf. Bei allen handelt es sich um Männchen, die weibliche Tiere anlocken wollen. Die Tiere fliegen einige Meter empor, breiten dann die Flügel weit aus und lassen sich wieder absinken. Kommt ein Weibchen in die Nähe des Schwarmes, so wird es von einem Männchen umtanzt, und die Tiere paaren sich. Das Weibchen läßt danach die Eier in langsamem Flug auf das Wasser fallen. Wenn es sich an einer Pflanze niederläßt, so klappt es seine Flügel über dem Körper zusammen. Nach der Eiablage lebt es nur noch kurze Zeit. Aus den Eiern schlüpfen Larven, die schon die drei langen Schwanzanhänge haben, die auch bei den fliegenden Tieren auffallen. Mit ihnen

bewegen sich die Larven fort. Sie atmen mit Kiemen und ernähren sich von verwesenden Stoffen und von kleinen Algen. Die Larven leben bis zu 2 Jahren im Wasser, dann schlüpft ein fliegendes Insekt aus ihnen, das nicht mehr frißt und nach wenigen Stunden oder Tagen stirbt. Der Name der Eintagsfliege stimmt also nicht, wenn man den ganzen Lebenslauf des Tieres betrachtet. Nicht alle Insektenschwärme, die du am Teich siehst, bestehen aus Eintagsfliegen. Auch die Stechmücken und die Köcherfliegen tanzen auf diese Art. Zu den Köcherfliegen gehört auch die Große Wasserfliege, die du auf dem Bild am Schilf sitzen siehst. Schon beim ersten Blick kannst du erkennen, daß sie keine langen Schwanzanhänge hat. Außerdem legt sie ihre Flügel um den Körper herum.

Zum Beobachten

Das Haus der Köcherfliegen

Die Larven der Köcherfliegen leben ebenso im Wasser wie die der Eintagsfliegen. Auch sie ernähren sich von kleinen Pflanzen und Tieren. Aber sie unterscheiden sich ganz deutlich von den Eintagsfliegen, denn sie bauen eine Röhre, in der sie geschützt leben können. Diese Behausung nennt man einen Köcher, und danach haben diese fliegenden Insekten auch ihren Namen. Der Köcher besteht aus kleinen Pflanzen- oder Bodenteilchen, die mit Fäden verbunden und mit einem Klebstoff verfestigt werden. Der Köcher ist auf beiden Seiten offen, und nur das Vorderteil der Larve ragt aus ihm hervor. Wenn du eine Handvoll Schlamm vom Boden eines Teiches in einen Suppenteller schöpfst und ihn vorsichtig ausspülst, so kannst du solche Köcher finden. Viele sind leer, weil die Larven längst aus ihnen geschlüpft sind. Suche solche leeren Köcher zusammen und beobachte, wie viele verschiedene du findest und aus welchem Material sie gebaut sind. Köcher, die sich bewegen, enthalten noch eine lebende Larve, die sich mit den Beinen fortbewegt. Diese Köcher tust du wieder ins Wasser zurück.

Hier sind verschiedene Köcher abgebildet, die du vielleicht finden kannst, jeder gehört zu einer anderen Art.

Zum Frühstück: Tauchen!

Ein blauer, blitzschnell ins Wasser tauchender Fleck – das ist alles, was die meisten Menschen vom Eisvogel zu sehen bekommen. Aber wenn du weißt, wo du diesen Vogel zu suchen hast, so wirst du ihn sicher einmal beobachten können. Abgelegene Teiche und langsam fließende Gewässer mit sauberem Wasser und vielen Fischen, das ist der Lebensraum des Eisvogels. Hier sitzt er an erhöhter Stelle auf einem Baumast, der über das Wasser ragt und mustert seine Umgebung. Er verhält sich so still, daß du annehmen könntest, er schläft. Dabei ist er aber hellwach und sieht ganz genau, ob sich etwas im Wasser bewegt. Wenn er einen kleinen (bis etwa 8 cm langen) Fisch erspäht hat, stürzt er wie aus der Kanone geschossen ins Wasser und ergreift die Beute, auch wenn er ein ganzes Stück unter Wasser tauchen muß. Es wird nicht immer ein Fisch sein, den der Eisvogel ergreift, auch Krebse und Wasserinsekten gehören zu seinen Beutetieren. Aus dem Wasser aufgetaucht, schlägt der Vogel die Beute gegen den Ast, auf dem er sitzt, und verschluckt sie. Nicht jeder Versuch gelingt, deshalb muß der Vogel oft lange ausharren und auf Beute warten. Bei der Werbung überreicht er dem Weibchen einen Fisch und gräbt dann an einer steilen Stelle des Ufers eine Erdhöhle. Du siehst sie im Kreis abgebildet. In die legt das Weibchen 6–8 Eier. Beide Eltern brüten abwechselnd, bis nach 3 Wochen die Jungen schlüpfen. Sie werden von beiden Eltern mit kleinen Fischen gefüttert, bis sie nach 3–4 Wochen selbständig sind und wenige Tage später die Erdhöhle verlassen. Eistaucher ziehen im Winter in mildere Gegenden. Wenn es aber einen plötzlichen Kälteeinbruch gibt, gehen viele Tiere zugrunde.

Zum Beobachten

Ein Wildbach-taucher

Wenn du auf einer Wanderung einmal zu einem Bach kommst, der klar ist, sauberes Wasser führt und einen steinigen Boden hat, so kannst du vielleicht einen ganz merkwürdigen Vogel beobachten. Es ist eine

Wasseramsel, die sich ganz auf den Beutefang in schnell fließenden Bächen spezialisiert hat. Der Vogel ist leicht an seinem weißen Latz, am braunen Kopf und Bauch und den dunkler gefärbten Flügeln und Rücken zu erkennen. Auch der kurze Schwanz ist dunkel gefärbt. Bei der Jagd stürzt sich der Vogel ins Wasser und läuft auf dem Boden entlang, wobei er sich gegen die Strömung

bewegt. Mit Füßen und Flügelschlägen kann er dabei bis zu 20 m weit laufen und bis zu 30 Sekunden lang unter Wasser bleiben. Während dieser Zeit sammelt er sein Futter: Insektenlarven wie Köcherfliegen und Steinfliegen, aber auch Flohkrebse. Natürlich sucht er seine Beute auch an Stellen, an denen das Wasser langsamer fließt. Bis zu 1600 mal taucht er am Tage und jedesmal bleibt er mehrere Sekunden unter Wasser.

Froschkonzert

Unter den Fröschen ist der Grasfrosch die Art, die bei uns am häufigsten ist. Im zeitigen Frühjahr, von März an, kommt er aus den Teichen, wo er im Schlamm eingegraben überwintert hat. Zu dieser Zeit sammeln sich die Männchen an den Teichen und lassen Tag und Nacht ihren lauten, quakenden Ruf erschallen. Wer in der Nähe eines Gewässers wohnt, in dem sich Dutzende von Männchen aufhalten, kann in seiner Nachtruhe schon sehr gestört werden. Nur wenn es kalt wird, unterbrechen die Frösche ihr Konzert. Durch das Quaken werden die Weibchen angelockt, die sich dann mit den Männchen paaren. Zu dieser Zeit wirst du oft Froschpaare sehen, bei denen das Männchen auf dem Rücken des Weibchen sitzt und dieses mit seinen Vorderbeinen unter den Achseln umklammert. Selbst im Wasser bleibt das Paar auf diese Weise verbunden. Die Weibchen legen die Eier in Form von ungeordneten Klumpen im Wasser ab, dabei kann ein einziges Weibchen bis zu 4000 Eier abgeben. Aus ihnen schlüpfen nach einiger Zeit die Larven, die dir sicherlich unter dem Namen Kaulquappen bekannt sind. Bald haben sie Beine entwickelt und den Schwanz abgeworfen und kommen nun an das Land. Viele tausend Jungfrösche sind zu dieser Zeit in der Nähe eines Teiches versammelt. Aber die meisten von ihnen werden von anderen Tieren gefressen, bevor sie erwachsen sind, oder kommen um, weil es ihnen an geeigneten Lebensräumen fehlt. Es gibt eine ganze Anzahl von Fröschen in Europa. Der Grasfrosch ist einer der größten, er wird bis zu 10 cm lang. Er ist auf der Oberseite rötlichbraun bis dunkelbraun gefärbt und hat hinter den Augen einen großen dunklen Fleck. Die helle Bauchseite ist meist gefleckt: beim Weibchen bräunlich, beim Männchen grau. Der Grasfrosch ernährt sich von Insekten, Würmern und Schnecken.

Zum Beobachten

Ein Frosch wächst heran

Frösche, Kröten, Molche und Salamander gehören zu den Lurchen oder Amphibien. Sie verbringen nur einen Teil ihres Lebens im Wasser, den anderen auf dem Lande. Um sich zu vermehren, müssen sie aber immer in das Wasser zurückkehren. Der Übergang vom Leben im Wasser zu dem auf dem Lande erfolgt schon früh. Wenn du an einem Teich große Mengen von Froschlaich findest, solltest du regelmäßig an diesen Platz zurückkehren und die Veränderung der jungen Tiere beobachten.

Zum Aufspüren

Kröte oder Frosch?

Frösche und Kröten sehen einander sehr ähnlich. Bei den Kröten ist die Haut aber trocken und warzig. Außerdem hüpfen die Kröten nicht, sondern kriechen.

Kreuzkröte und **Erdkröte** kommen auch bei uns vor. Bei der Kreuzkröte hat der Rükken einen schmalen Längsstreifen.

Der **Laubfrosch** *(links)* kann seine Farbe ändern. Je nach Umgebung ist er gelblich, grün oder dunkel gefärbt. Die Zehen haben Haftscheiben, so daß er gut klettern kann.

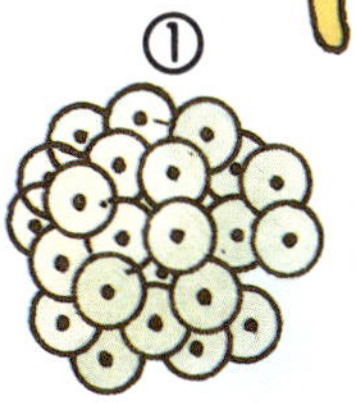

① Die Eier werden vom Weibchen des Grasfrosches in unregelmäßigen Klumpen abgelegt. Bei den Kröten gibt es dagegen richtige Schnüre von Eiern. Jedes Ei hat einen dunklen Punkt, der von einer dicken Gallertschicht umgeben ist.

② Bald siehst du die kleinen Kaulquappen, die einem Fisch ähnlich sehen.

③ Die Kaulquappe hat Kiemen, mit denen sie im Wasser atmet.

④ Nach wenigen Wochen entwickeln sich Hinterbeine, und der Vorderteil des Körpers wird dem eines Frosches ähnlicher.

⑤ Die Vorderbeine entwickeln sich, und der Schwanz verkümmert.

⑥ Die Tiere sehen nun ganz wie ein Frosch aus, sie atmen mit einer Lunge und verlassen das Wasser.

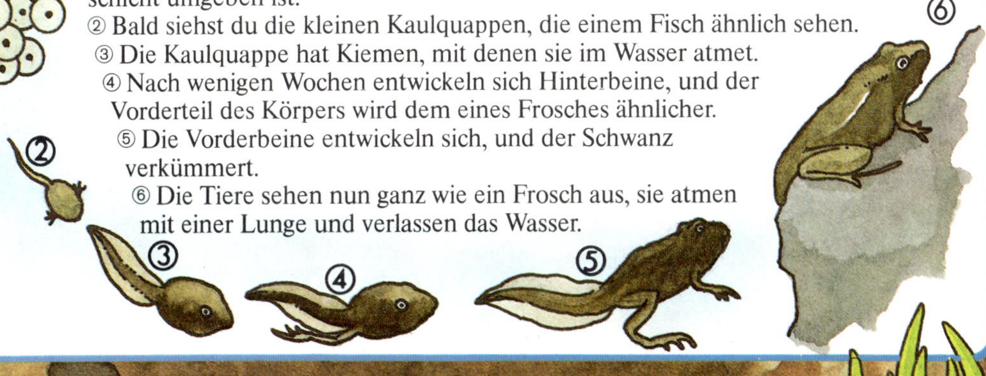

Zwischen den Uferpflanzen

Das Teichhuhn ist überall zu sehen, sogar auf den Teichen in einer Stadt. Mit seinen lauten Rufen „kürrk“ oder „kittik“ ist es weithin zu hören. Obwohl das Teichhuhn keine Schwimmflossen zwischen den langen Zehen hat, kann es doch gut schwimmen. Es taucht aber nur selten und nur bei Gefahr. Geschickt läuft es über die Blätter der Schwimmblattpflanzen. Auch wenn es auffliegt, läuft es erst mit schnellen Schritten über das Wasser.

Teichhühner ernähren sich von jungen Gräsern, von Knospen und Wasserpflanzen, aber auch von Würmern, Schnecken und Insekten. Sie gehen auch aufs Land und suchen nach Körnern.

Zur Brutzeit wählt ein Männchen ein Revier aus und beginnt mit dem Bau eines Nestes. Das kann direkt am Wasser in den Riedgräsern liegen, aber auch zwischen Zweigen in einem Gebüsch. Bald gesellt sich ein Weibchen hinzu, das das Nest auspolstert und 6 – 10 Eier legt. Sie werden von beiden Eltern bebrütet. Auf dem Bild kannst du sehen, wie das brütende Weibchen gerade vom Männchen abgelöst wird. Nach 3 Wochen schlüpfen die Jungen, die ein Daunenkleid tragen und sofort schwimmen können. Sie werden von beiden Eltern gefüttert und verteilen die Nahrung auch untereinander. Nach 5 Wochen sind die Jungen selbständig und können fliegen. Sie bleiben aber den ganzen Sommer hindurch im Familienverband. Teichhühner ziehen bei uns im Winter nach Südeuropa und Nordafrika in wärmere Gebiete. Wenn sie bei uns von der Kälte überrascht werden, müssen viele sterben.

Teichhuhn

Bläßhuhn

Zum Aufspüren

Andere Wasservögel

An einem Teich gibt es meist verschiedene Wasservögel. Du brauchst ein Fernglas, um sie sicher unterscheiden zu können. Am besten ist es, wenn du einen geeigneten Platz aussuchst und hinter einem Baum verborgen still stehen bleibst. Auch wenn du meinst, es sei kein Vogel in der Nähe, wirst du bald bemerken, wie du von ihnen beobachtet wirst. Schreibe deine Beobachtungen in dein Tagebuch ein und mache auch Zeichnungen, z. B. von den Fußspuren, die du im Schlamm siehst.

Der **Haubentaucher** *(links)* lebt vor allem an Gewässern, die einen breiten Schilfgürtel haben. Er verbringt fast sein ganzes Leben auf dem Wasser und kann untergetaucht schneller schwimmen als auf dem Wasser. Die Tiere haben im Hochzeitskleid eine rotbraune Federhaube. Der Haubentaucher ernährt sich hauptsächlich von Fischen.

Das **Bläßhuhn** *(links)* kannst du sehr leicht an seiner weißen Stirn erkennen. Es lebt an Teichen und Flüssen. Achte auf die gesäumten Vorderzehen.

Der **Zwergtaucher** *(links)* lebt an Teichen und Flüssen, wo er nach Insekten und Weichtieren taucht, aber auch nach Wasserpflanzen.

Wasserschnecken

Wenn du im Sommer einige Unterwasserpflanzen aus einem Teich ziehst, kannst du an ihren Stengeln und Blättern Schnecken finden. Sei aber sehr vorsichtig, wenn du in das Wasser steigst: Du kannst leicht so tief in den Schlamm einsinken, daß deine Gummistiefel darin steckenbleiben, oder du kannst in ein Loch geraten, das du vom Ufer aus nicht gesehen hast.

Ziehe einige Pflanzen vorsichtig aus dem Untergrund und lege sie in einen Eimer, den du vorher mit Teichwasser gefüllt hast. Nun kannst du am Ufer in aller Ruhe nachsehen, ob Schnecken an den Pflanzen sind. Die beiden größten, die du dabei finden kannst, sind auf dieser Seite abgebildet. Oben siehst du die Große Schlammschnekke, deren schraubig gewundenes Gehäuse spitz und bis über 5 cm lang ist. Darunter ist die Große Tellerschnecke abgebildet, deren Haus wie eine Spirale gewunden ist. Vielleicht findest du auch die zu Klumpen zusammengeballten Eier dieser Schnecken. Die der Schlammschnecke sind wurstförmige Gallertmassen, während die der Tellerschnecke kugelförmig sind.

Mit ihrem von Muskeln durchzogenen Fuß bewegen sich die Schnecken langsam über die Wasserpflanzen. Sie ernähren sich von diesen Pflanzen und haben eine Raspelzunge, die wie mit Sandpapier überzogen ist. Damit benagt die Schlammschnecke die Blätter der Wasserpflanzen.

Die Tellerschnecke kratzt dagegen den Belag aus winzig kleinen Alken vom Untergrund ab. Deshalb kannst du sie auch für dein Aquarium nehmen. Hier betätigt sie sich als „Fensterputzer“, indem sie die grüne Schicht von den Scheiben schabt.

Wenn du die Schnecken eine längere Zeit hindurch beobachtest, so wirst du sehen, daß sie an die Wasseroberfläche kommen, um zu atmen.

Zum Beobachten

Teichmuscheln

Süßwassermuscheln, wie die rechts auf dem Bild dargestellte, gibt es nur in Teichen und Seen mit sauberem Wasser. Wenn du ein solches Tier gefunden hast, so bringe es in ein Einweckglas, das du mit etwas Sand und mit viel sauberem Teichwasser gefüllt hast. Füge eine Tasse voll Teichwasser hinzu, das von kleinen Algen grün gefärbt ist. Nach einiger Zeit kannst du feststellen, daß die Muschel das Wasser filtert und die Algen aussiebt und verzehrt.

Zum Selbermachen

Eine frische Brise

Die Große Schlammschnecke lebt ständig im Wasser. Im Gegensatz zu den Fischen hat sie aber keine Kiemen, sondern eine Lunge. Sie muß deshalb regelmäßig an die Wasseroberfläche kommen, um zu atmen. Aber sie kann einen Teil des Sauerstoffes, den sie zur Atmung braucht, über die Haut aus dem Wasser aufnehmen. Dieser Sauerstoff ist in kleinsten Bläschen im Wasser enthalten und stammt von den Pflanzen. Das kannst du in einem einfachen Versuch feststellen.

1 Nimm einige Exemplare der Großen Schlammschnecke und bringe sie in ein Aquarium, in dem viele Wasserpflanzen sind. Warte einige Stunden, bis die Tiere ihren Platz gefunden haben, und beobachte dann, wann und in welchen Abständen sie an die Oberfläche gehen, um zu atmen. Das wird nur selten geschehen, weil die Tiere den Sauerstoff aufnehmen, den die Pflanzen abgeben. Wenn sie unter der Oberfläche hängen, kannst du das Atemloch sehen, das zu ihrer einzigen Lunge führt.

2 Nimm die Schnecken aus dem Aquarium heraus und bringe sie in ein anderes Gefäß, in dem sauberes Teichwasser ist, in dem aber keine Wasserpflanzen wachsen. Zähle noch einmal, wie oft die Schnecken zum Atmen an die Oberfläche kommen. Das wird sehr viel häufiger der Fall sein. Bringe sie nach deinen Untersuchungen zurück.

Die **Teichmuschel** *(unten)* ist die größte bei uns vorkommende Süßwassermuschel. Beachte die Öffnung, aus der das Wasser ausgestoßen wird, das sie durch ihren Körper leitet.

Scheue Molche

Molche sind meist im Frühling zu finden, wenn sie sich wie auch die Frösche und Kröten an den Teichen versammeln, um ihre Eier im Wasser abzulegen. Leider gibt es bei uns immer weniger Molche, deswegen darfst du sie keinesfalls fangen, wenn du diese schlanken Tiere in einem Teich oder in einem Graben findest. Setz dich ruhig an den Rand des Gewässers und beobachte sie.

Das dunkel gefärbte Tier auf dem großen Bild ist das Weibchen des Kamm-Molches, während die übrigen abgebildeten Tiere Teichmolche sind. Männchen und Weibchen kannst du bei beiden Arten leicht unterscheiden: Die Männchen haben im Hochzeitskleid einen hohen Hautkamm auf dem Rücken, der den Weibchen fehlt. Außerdem sind sie bunter gefärbt. Beide Arten halten sich im gleichen Lebensraum auf: in Teichen, Tümpeln und sogar in Wassergräben. Hier umwerben die Männchen die Weibchen. Ein Männchen springt auf das Weibchen zu, klappt seinen Schwanz nach vorn und bringt ihn in zitternde Bewegungen. Dieses Balzspiel wiederholt sich mehrere Male, bis das Weibchen dem Männchen schließlich folgt.

Nach der Paarung legen die Weibchen bis zu 250 Eier einzeln zwischen den Blättern von Wasserpflanzen ab. Aus ihnen schlüpfen nach etwa 2 Wochen die Larven.

Beim Männchen wird jetzt der Kamm zurückgebildet, und auch die Farbe verschwindet, so daß es nun einem kleinen Weibchen ähnlich ist. Die Tiere leben sehr versteckt unter morschem Holz und verwesendem Laub, aber auch unter Steinen. Sie ernähren sich von Würmern, Schnecken, und verschiedenen Insekten. Die Molche verbringen hier auch den Winter und kehren erst mit den warmen Frühlingstagen in die Gewässer zurück. Die Laichzeit beginnt aber erst im April.

Zum Beobachten

Ein Molch wächst heran

Wie die Frösche und Kröten (siehe Seite 24) gehören auch die Molche zu den Lurchen. Sie beginnen ihr Leben im Wasser, und deshalb ist es nicht überraschend, daß sie nur in Gebieten mit feuchtem und wärmerem Klima anzutreffen sind. Die erwachsenen Tiere leben auf dem Land, aber zur Eiablage suchen sie die Gewässer auf.

Das Weibchen legt jedes Ei in eine Tüte, die es mit den Hinterbeinen aus einem Blatt zusammenfaltet und verklebt.

Aus dem Ei, das mit einer dicken Gallertschicht umgeben ist, schlüpft nach 2 – 3 Wochen eine Larve. Du kannst sie schon erkennen, wenn sie noch im Ei ist.

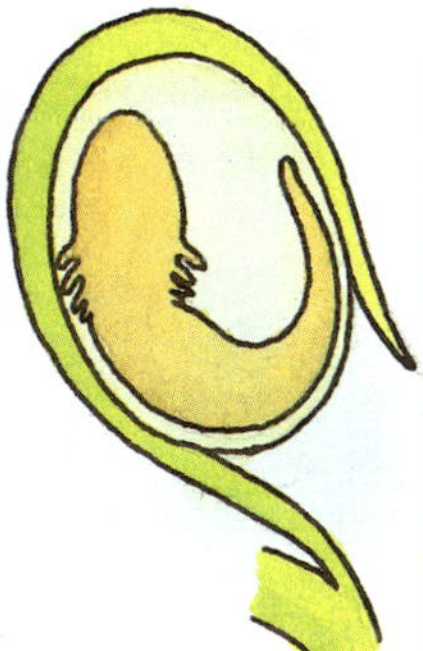

Bei den Larven der Molche entwickeln sich sehr bald die Beine, so daß sie einem erwachsenen Tier ähnlich sind. An jeder Kopfseite stehen drei Kiemenbüschel, mit denen die Larve atmet.

Nachdem die Beine vollständig entwickelt sind, schrumpfen die Kiemen ein, und das Tier atmet den Sauerstoff nicht mehr aus dem Wasser, sondern aus der Luft. Nach drei Jahren ist es erwachsen.

Ein Teich in deinem Garten

Einen Teich im Garten zu haben, ist heute große Mode geworden. Und tatsächlich kannst du viele Untersuchungen, wie sie in diesem Buch geschildert werden, an einem kleinen Teich in deinem eigenen Garten durchführen. Es ist gar nicht so schwierig, ein solches Gewässer selbst anzulegen. Das Material gibt es in vielen Heimwerkerläden zu kaufen, und wenn du ein paar Ratschläge befolgst, wie sie auf diesen Seiten gegeben werden, kann eigentlich nichts mehr schiefgehen.

Dein Teich ist eine kleine Welt für sich. Er bildet einen abgeschlossenen Lebensraum, der sich im Gleichgewicht befindet, solange er nicht von außen gestört wird. Jedes Lebewesen ist auf ein anderes angewiesen, und die Natur sorgt dafür, daß alles im Lot

1 Der Bau deines Teiches beginnt mit der Auswahl des richtigen Platzes. Er soll an einer sonnigen Stelle liegen, nicht unter einem Baum, der seine Krone noch weiter ausbreitet, sonst fallen im Herbst zu viele Blätter hinein. Danach ergibt sich die Frage, wie groß der Teich sein soll. Ein Durchmesser von 2 m ist für deine Zwecke groß genug. Hebe mit deinem Vater zusammen eine Grube aus, die in der Mitte etwa 50 cm tief ist und den Rändern zu allmählich oder in Stufen flacher wird.

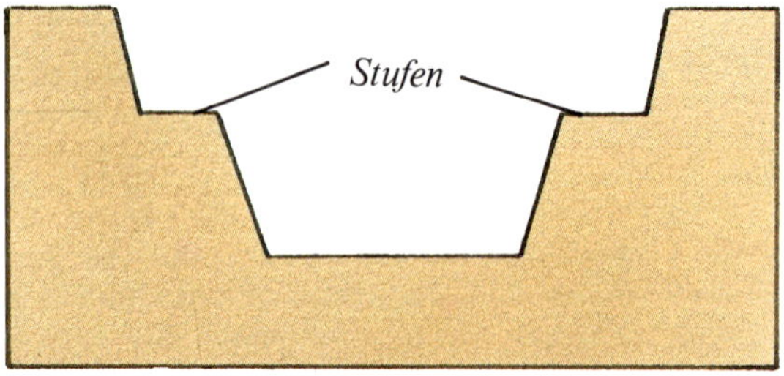

2 In diese Grube bringst du eine Lage feinen Sand, den du möglichst gleichmäßig verteilst. An den Stufen ist das nicht ganz leicht, hier mußt du ihn anfeuchten und mit Lehm vermischen. Aus dieser Schicht dürfen keine spitzen Steine hervorragen.

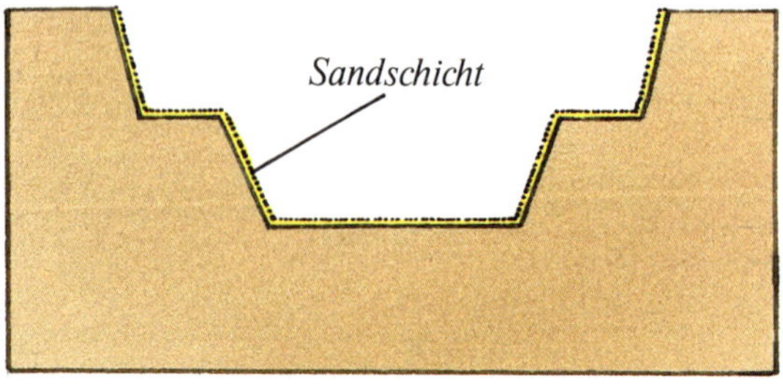

3 Kaufe eine feste Plastikfolie und kleide damit die ganze Grube aus. Die Folie muß so groß sein, daß sie an allen Rändern mindestens 10 cm weit übersteht.

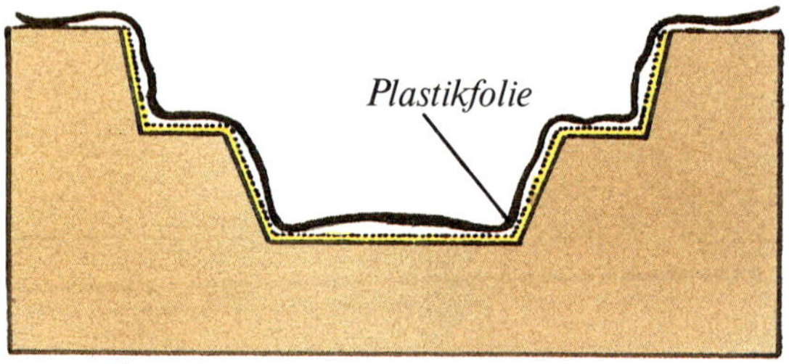

bleibt. Vermehrt sich eine Tierart in einem Sommer besonders stark, weil sie viel Nahrung und günstige Bedingungen gefunden hat, so steigt auch bald die Anzahl ihrer Feinde an, und bald ist das Gleichgewicht wieder hergestellt. Du mußt nur aufpassen, daß du es nicht selbst bist, der Unordnung in den Teich bringt. Wenn du z. B. zu viele Wasserpflanzen einsetzt, kann das Sonnenlicht nicht mehr bis zum Boden dringen, und die Bodenschicht beginnt zu faulen. Wenn du Raubfische in den Teich bringst, darfst du dich nicht wundern, wenn viele andere Tiere verschwinden. Aber nachdem du dieses Buch gelesen hast, wirst du viele Fehler von vornherein vermeiden. Setze dich regelmäßig an deinen Teich und beobachte, was sich alles tut. Schreibe in dein Tagebuch, wann das Eis getaut ist, wann du die ersten Frösche und Molche siehst, wann die ersten Blumen blühen. Wenn du nach einem Jahr im Winter dein Tagebuch wieder einmal durchblätterst, wirst du erstaunt sein, was sich alles ereignet hat.

4 Nun beschwerst du die Plastikfolie an den Rändern mit Steinen, damit sie in der richtigen Lage bleibt. Sie soll sich überall dem Boden anschmiegen, auch wo du Falten legen mußtest.

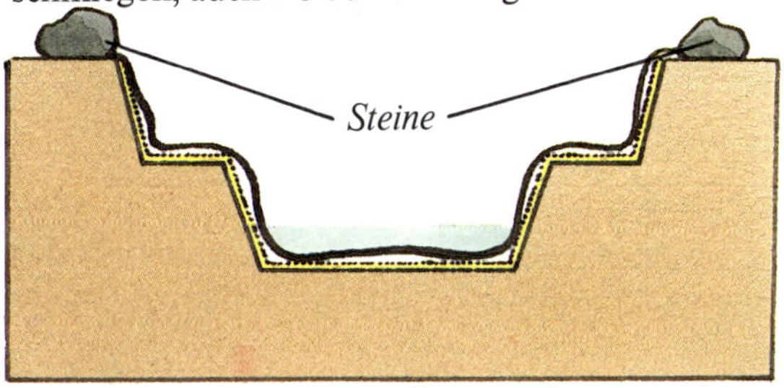

5 Jetzt bedeckst du den Boden der Grube mit einer 5 – 10 cm dicken Schicht aus Sand und feinem Kies und füllst sie dann langsam mit Regenwasser auf. Lasse den Teich nun etwa 1 Woche lang ruhig stehen. Inzwischen kaufst du in einer Gärtnerei Wasserpflanzen, die in einen Teich gehören: Teichrosen, Pfeilkraut, Rohrkolben, Binsen und Riedgräser und anderes. Setze sie nun in den Teich ein und warte, bis sie angewachsen sind. Die beste Pflanzzeit ist im Frühjahr.

6 Zuletzt werden die Tiere eingesetzt. Du wirst erstaunt sein, wie viele Wassertiere von allein auftauchen. Sie haben entweder als Larve oder Ei an den Wasserpflanzen gesessen oder sie sind zugeflogen.

Schwirrende Libellen

Es gibt Leute, die vor Libellen Angst haben und sich vor ihrem Stachel fürchten wie vor dem einer Biene oder Wespe. Aber diese eleganten und schnellen Flieger sind für den Menschen völlig harmlos. Sie haben weder einen Giftstachel noch einen Stechrüssel! Es gibt viele verschiedene Arten von Libellen; die auf dem großen Bild dargestellte ist eine Königslibelle. Du siehst sie häufig aufrecht an Uferpflanzen sitzen, während sie ihre Flügel weit ausgebreitet hat. Aber nicht immer sind Libellen so ruhig. Wenn sie auffliegen, schießen sie blitzschnell durch die Luft, wobei sie ganz plötzlich die Richtung ändern können. Manche erreichen eine Geschwindigkeit zwischen 40 - 50 km in der Stunde. Trotzdem erspähen sie ihre Beute, denn jedes ihrer beiden Augen ist aus bis zu 30 000 Einzelaugen zusammengesetzt. Bis zu 8 m weit können sie damit sehen, was für ein Insekt eine ganz erstaunliche Leistung ist.

Die Königslibelle jagt ihre Beutetiere im Flug. Fliegen, Mücken, Schmetterlinge und andere Insekten werden von den Vorderbeinen ergriffen. Oft werden diese wie ein Fangkorb nach vorn gestreckt. Noch im Flug wird die Beute mit den starken Zähnen zerkleinert und verspeist. Während der Paarung hält das Männchen mit seinen Hinterleibsanhängen das Weibchen hinter dem Kopf fest. Dabei bilden die beiden Tiere ein Paarungsrad. Nach der Paarung legt das Weibchen die Eier ab, indem es immer wieder den Hinterleib ins Wasser taucht.

Die Larven, die aus den Eiern schlüpfen, sind gefräßige Räuber. Sie packen ihre Beute mit einer Fangmaske, die sie weit vorschnellen können. Diese ist aus der Unterlippe entstanden. Die Larven atmen mit einem Kiemendarm. Durch eine Erweiterung oder Verengung des Darmes wird immer neues Wasser aufgenommen oder ausgestoßen.

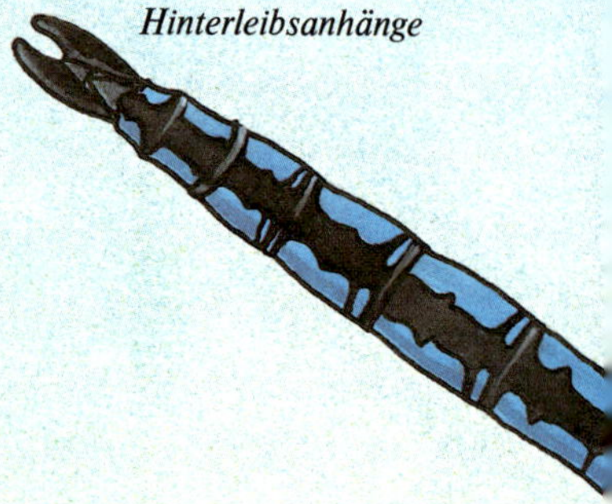

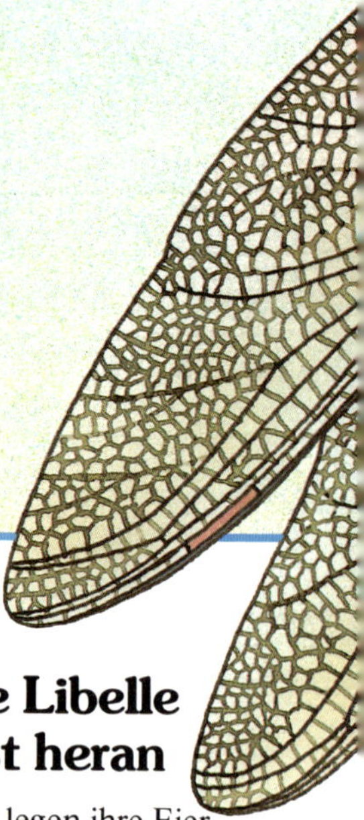

Zum Beobachten

Eine Libelle wächst heran

Die Libellen legen ihre Eier im Wasser ab. Aus ihnen schlüpfen Larven. Sie sind einer Libelle noch nicht ähnlich, sondern sehen aus wie hier auf der Abbildung

Mit den Vorderbeinen wird das Beutetier ergriffen

Die Umwandlung der Larven in eine geflügelte Libelle ist mit dem Umbau vieler Organe verbunden. Deshalb braucht das Tier eine längere Ruhezeit. Das Schlüpfen beginnt damit, daß die Larve an einem Pflanzenstengel aus dem Wasser steigt. Sie klammert sich mit den Beinen fest. Dann platzt die Larvenhaut auf dem Rücken

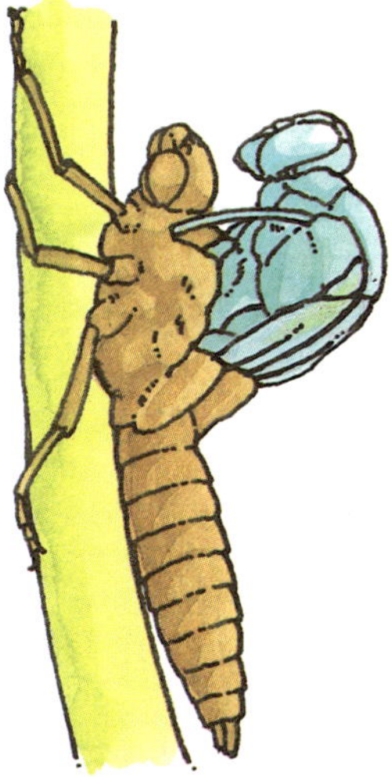

auf, durch den die Libelle aus der Haut schlüpft. Nachdem die Beine herausgezogen sind, ruht die Libelle eine Zeitlang. Die Flügel erscheinen und strecken sich an der Luft.
Schließlich wird der Hinterleib aus der Larve gezogen; und nach wenigen Stunden ist ihre Haut trocken, und die Libelle fliegt davon.

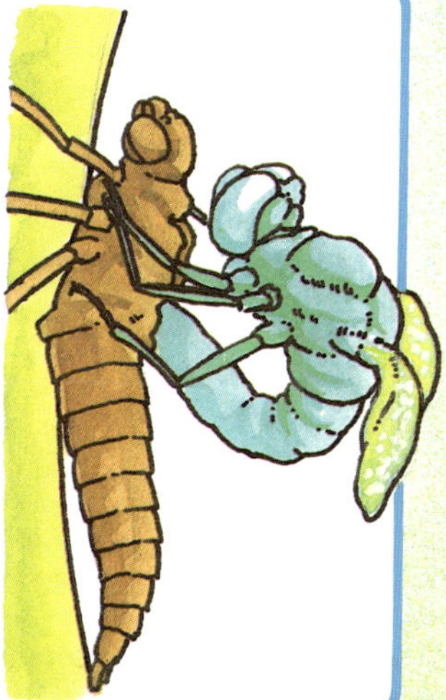

Der Hecht im Karpfenteich

Kein Fisch wird so groß wie der Hecht – wenn man den Anglern glauben darf, die von ihrem letzten großen Fang erzählen. Aber auch in Wirklichkeit erreicht dieser Raubfisch ganz beträchtliche Größen. Ein 2–3 Jahre altes Männchen ist im allgemeinen 25–40 cm lang und 0,5 kg schwer, und es kann im Verlaufe seines Lebens bis zu 1 m lang und 8 kg schwer werden. Die Weibchen werden viel größer und werden bei einer Länge von 1,5 m bis 35 kg schwer und über 30 Jahre alt!

Der Hecht lebt in Flüssen und Seen und bevorzugt dabei saubere Gewässer mit einem Untergrund aus Kies und einer gut ausgebildeten Ufervegetation. Wie du auf dem großen Bild sehen kannst, hat er einen langgestreckten, schlanken Körper und ein großes Maul mit langen, nach hinten gerichteten Zähnen. Er schnappt nach jeder Beute, und das kann ihm bei diesen Zähnen zum Verhängnis werden: Wenn das Beutetier zu groß ist, kann er es nicht mehr ausspucken und muß ersticken.

Der Hecht steht meist in der Uferzone zwischen den Wasserpflanzen und lauert auf Beute. Er hat scharfe Augen und nimmt mit seinem Körper die geringste Bewegung im Wasser wahr. Sobald ein Fisch oder ein Frosch, aber auch ein Entenküken in seine Reichweite kommen, schießt er schnell wie ein Pfeil auf das Opfer los. Ein ausdauernder Schwimmer ist er aber nicht.

Von Februar bis Mai ist die Laichzeit des

Hechtes. Die Tiere ziehen dann zu verkrauteten Uferstellen. Während dieser Zeit nehmen sie fast überhaupt keine Nahrung zu sich. Die Weibchen stoßen innerhalb von 4 Wochen eine unglaubliche Anzahl von Eiern aus: 40000 bis 45000 je kg ihres Körpergewichtes. Innerhalb von 10 – 30 Tagen – das hängt von der Wassertemperatur ab – schlüpfen die 6 – 10 mm großen Larven, die sich an Pflanzenteilen anheften. Fast 2 Wochen lang ernähren sie sich aus ihrem großen Dottersack, erst dann ist die Mundöffnung fertig ausgebildet, und die Fische füllen ihre Schwimmblase mit Luft. Dadurch sind sie schwimmfähig und beginnen sofort, andere Tiere zu jagen. Zuerst sind es winzige, im Wasser schwebende Tiere, die sie erbeuten. Sobald die jungen Hechte aber etwa 3 cm groß sind, ernähren sie sich von der Brut anderer Fische.

Zum Aufspüren

Was ein Angler angelt

Wenn du einem Angler an einem Flußufer zusiehst, holt er (vielleicht) einen dieser Fische aus dem Wasser:

25 – 30 cm lang (selten 50 cm lang)

Der **Flußbarsch** *(oben)* lebt in stehenden oder langsam fließenden Gewässern. Die Jungfische bilden kleine Schwärme.

Bis 30 cm lang

Das **Rotauge** *(oben)* lebt in Schwärmen und kommt häufig vor. Es frißt kleine Muscheln und Schnecken und auch Pflanzenteile.

Bis 20 cm lang

Der **Gründling** *(oben)* lebt in schnell fließenden Gewässern in Schwärmen am Boden. Er frißt Würmer, Schnecken und Fischlaich.

25 – 35 cm lang

Die **Schleie** *(oben)* lebt in flachen Gewässern mit schlammigen Böden. Sie frißt Insektenlarven, Schnecken und Pflanzenteile.

Enten-Geschnatter

Ganz gleichgültig, zu welchem Teich in deiner Nähe du gehst, Enten wirst du immer auf ihm finden, auch wenn er mitten in der Stadt liegt. In den meisten Fällen wirst du Stockenten sehen, wie sie auf dem großen Bild gezeigt werden. Sie sind die Stammeltern aller Hausenten. Die in Parks lebenden Stockenten haben sich so sehr an die Menschen gewöhnt, daß sie sich von ihnen füttern lassen. Wildtiere sind dagegen recht scheu. Beobachte einmal genauer, wie sie die Nahrung zu sich nehmen: Sie schnattern an der Wasseroberfläche oder sie gründeln und tauchen ihren Schnabel dabei fast einen halben Meter tief ins Wasser. Wie viele Enten ernähren sie sich von Wasserpflanzen, Insekten, Würmern und anderen kleinen Tieren, die im Schlamm leben. Aber auch einen unvorsichtigen Frosch verschmähen sie nicht. Sie gehen aufs Land und suchen Getreidekörner, Samen und Früchte. Sie können ohne Anlauf vom Wasser und vom Land auffliegen und sind geschickte und schnelle Flieger. An einem Tag können sie bis zu 500 km weit fliegen. Bei der Landung auf dem Wasser strecken sie ihre Beine nach vorn und benutzen sie als Bremse. Die Stockente wird bis zu 58 cm lang und ist die größte bei uns vorkommende Ente. Um sie von anderen Enten unterscheiden zu können, brauchst du aber ein Fernglas. Sicher ist dir schon die eine oder andere Art von denen bekannt, die auf diesen Seiten abgebildet sind.

Bei der **Stockente** hat der Erpel im Prachtkleid einen grünen Kopf und eine rotbraun gefärbte Brust. Wie auch die Ente hat der Erpel einen gelb gefärbten Schnabel und einen blauen Fleck auf jedem Flügel. Im Sommer, außerhalb der Brutzeit, ähnelt das Männchen dem Weibchen. Achte auf die großen Füße, bei denen die Zehen mit einer Schwimmhaut untereinander verbunden sind. Mit ihnen können die Tiere schnell schwimmen.

Die **Krickente** wird nur bis zu 36 cm lang und ist damit die kleinste in Europa vorkommende Ente. Sie brütet bei uns im Alpenvorland, zieht aber im Winter nach Süden. Sie ist sehr scheu.

Die **Schellente** wird etwa 45 cm lang. Sie brütet in Nordostdeutschland. Ihren Namen hat sie von dem schellenden (klingelnden) Geräusch, das ihre Flügel beim Fliegen erzeugen. Sie taucht nach kleinen Wassertieren.

Die **Reiherente** ist etwa 43 cm lang. Sie brütet bei uns in Norddeutschland und in Bayern sowie in Österreich und bleibt auch im Winter hier. Die Tiere tauchen über 10 m tief nach Muscheln und Weichtieren.

Die **Tafelente** wird bis zu 45 cm lang und lebt meist an großen, flachen Teichen. Sie taucht nach Wasserpflanzen, Insekten, Schnecken und Muscheln. Sie brütet bei uns, überwintert aber in Westeuropa.

Der **Gänsesäger** wird bis zu 66 cm lang und gehört ebenfalls zu den Enten. Er brütet bei uns im Alpenvorland. Er hat gezähnte Schnabelränder, mit denen er die Fische ergreift, nach denen er taucht.

Die **Löffelente** wird bis zu 50 cm lang. Sie ist an ihrem langen Schnabel leicht zu erkennen und filtert kleine Pflanzen und Tiere aus dem Wasser. Sie brütet in Norddeutschland, ist aber sonst selten.

Ein Wasserläufer

Das Tier auf dem großen Bild ist ein Wasserläufer. Es hat seinen Namen zu Recht, denn es gehört zu den Insekten, die über die Wasseroberfläche rennen können, ohne dabei einzusinken. Es hat an jedem Bein ein Haarbüschel, das ein Einsinken des Beines ins Wasser verhindert. Diese Haare werden sogar regelmäßig eingefettet.

Der Wasserläufer gehört zu einer sehr artenreichen Gruppe der Insekten, zu den Wanzen. Er unterscheidet sich in der Ausbildung seiner Mundwerkzeuge deutlich von den Käfern: Käfer haben Ober- und Unterkiefer, mit denen sie kauen, die Wanzen haben einen Saugrüssel, mit dem sie Flüssigkeit aufsaugen. Der Wasserläufer ist ein Jäger. Er wartet an einer Stelle, bis Fliegen oder andere Insekten auf die Wasseroberfläche fallen. Die dadurch ausgelösten winzigen Wellen kann er wahrnehmen, und sofort stürzt er sich auf sein Opfer, wobei er nicht nur blitzschnell läuft, sondern auch springt. „Angetrieben“ wird er dabei durch die mittleren Beine, die auch am längsten sind, während die Hinterbeine mehr zum Steuern verwendet werden. Die Vorderbeine benutzt der Wasserläufer, um seine Beute zu ergreifen.

Auf dem Bild kannst du erkennen, daß der Wasserläufer nicht nur lange Beine, sondern auch Flügel hat, mit denen er gut fliegen kann. Du wirst erstaunt sein, wenn du manchmal auf einer großen Pfütze oder in einem Graben Wasserläufer findest, die kurze Zeit vorher noch nicht da waren. Sie sind zugeflogen und werden schnell wieder verschwinden, wenn das Wasser ausgetrocknet ist. Nicht alle Arten von Wasserläufern haben so gut ausgebildete Flügel oder können überhaupt fliegen. Alle aber verlassen das Wasser im Herbst und suchen sich unter Blättern oder zwischen Gras ein Quartier, wo sie den Winter über bleiben können.

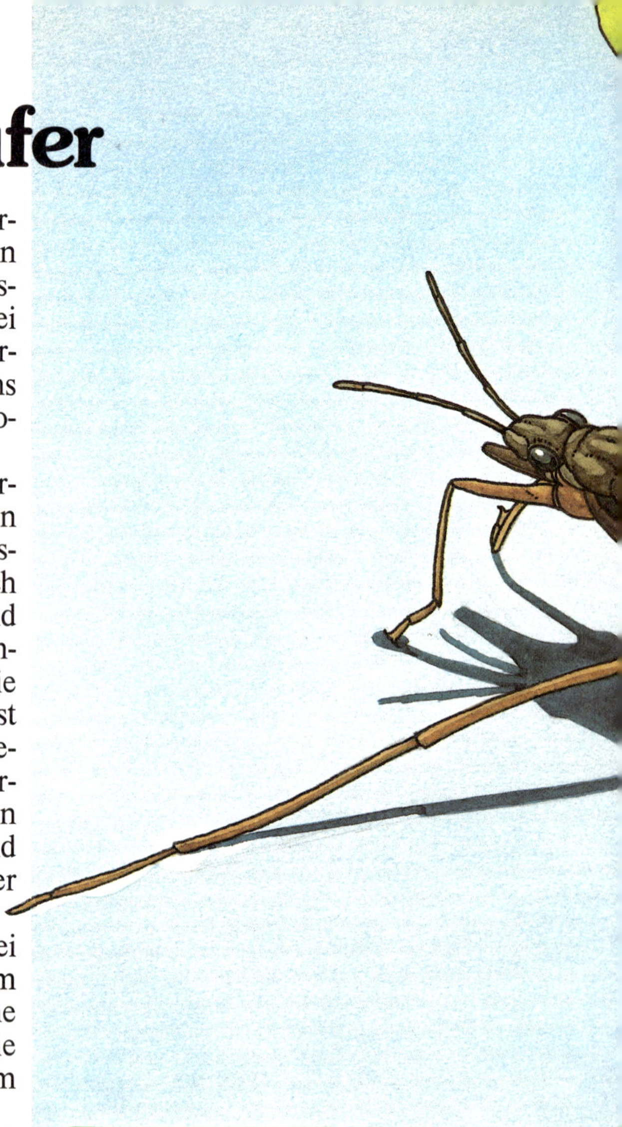

Zum Aufspüren

Käfer und Wanzen

Achte einmal auf die hier abgebildeten Wasserinsekten, wenn du wieder an einen Teich kommst. Kennst du den Unterschied zwischen einem Käfer und einer Wanze? Beachte auch die Flügel!

Der **Taumelkäfer** *(links)* ist 6 – 8 mm lang und lebt in größeren Gruppen auf der Wasseroberfläche von Teichen. Er schwimmt in Bögen hin und her und taucht bei Gefahr unter.

Zum Selbermachen

Eine Nadel schwimmt

Wasserläufer bewegen sich auf dem Wasser, als ob es eine Haut hätte. Und tatsächlich gibt es eine Kraft, die das Wasser an dieser Grenzschicht zusammenhält. Man nennt sie die Oberflächenspannung. Du kannst sie leicht nachweisen:

1 Lege eine Nadel auf eine Schicht eines Papiertaschentuchs und bringe dieses auf das Wasser.

2 Das dünne Papier saugt sich voll Wasser, wird immer schwerer und sinkt auf den Boden. Die Nadel aber wird durch die Oberflächenspannung des Wassers getragen.

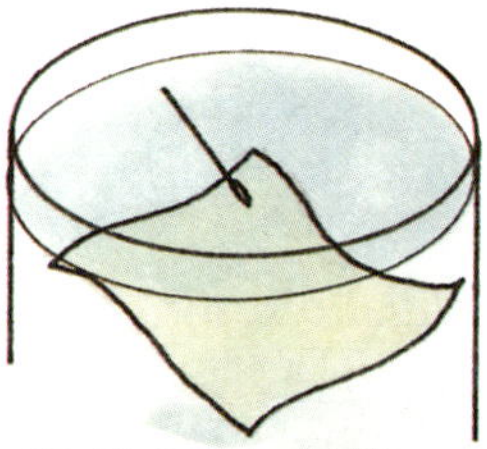

3 Siehst du, daß sie die „Wasserhaut“ eingedrückt ist? Stößt du gegen das Gefäß, liegt die Nadel auf dem Boden.

Der **Gelbrandkäfer** *(oben)* wird bis zu 30 - 35 mm lang und ist nicht selten. Er lebt in Teichen und langsam fließenden Gewässern. Wie auch seine Larve jagt er Wassertiere und greift dabei sogar junge Frösche und Fische an. Er kann direkt aus dem Wasser auffliegen.

Der **Wasserskorpion** *(unten)* ist etwa 20 mm lang und lebt in Teichen, Tümpeln und Gräben. Er hält sich zwischen den Wasserpflanzen auf und jagt Kaulquappen, Insekten und kleine Fische. Er kann schmerzhaft stechen!

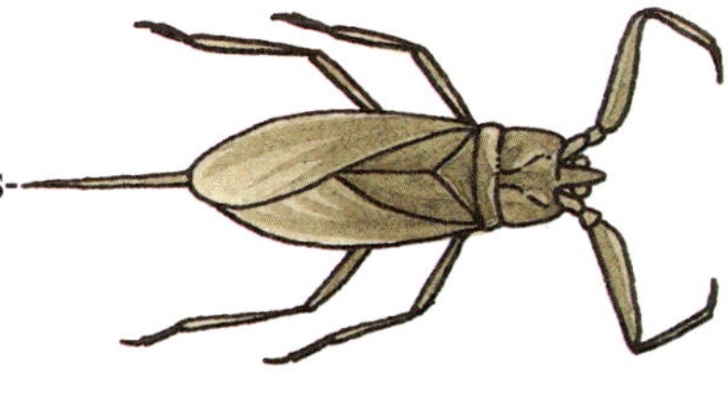

Der **Rückenschwimmer** *(oben)* ist 15 mm lang und schwimmt tatsächlich mit der Bauchseite nach oben. Er hängt auch oft unter der Wasseroberfläche. An seinem Hinterende hat er eine Atemöffnung. Er frißt Kaulquappen, Insekten und kleine Fische.

Namenverzeichnis